上ノ山駅
35-29
35-27

NICE OLD GUY
おやっさん

西部警察 PERSONAL 7
藤岡重慶×井上昭文×小林昭二

JUKEI FUJIOKA × SHOBUN INOUE × AKIJI KOBAYASHI

THE HERO OF SEIBUKEISATSU

DAISAKU TANI
POLICE ACTION

BEST SHOT

谷 大作（藤岡重慶）

西部警察署刑事

愛称おやっさん。大門軍団の最年長刑事。若手に負けるのが嫌で先頭に立って現場に飛び込み、みんなを引っ張る。シワだらけのチロルハットとコートがトレードマークで人情味あふれる刑事。

「私は親父みたいなものだったかなあ。いま親元を離れた息子たちが心配っていう心境だよ。こっちは相変わらず"若さと行動力"で張り切っているけど、手こずらせる奴がいない分だけ、ファイトが余っちゃってね。これをどうにかして使わないと年を取っちゃいそうだよ」藤岡重慶（ふじおかじゅうけい）『さよなら西部警察』より

DANDYISM

TO CORNER
追い詰める

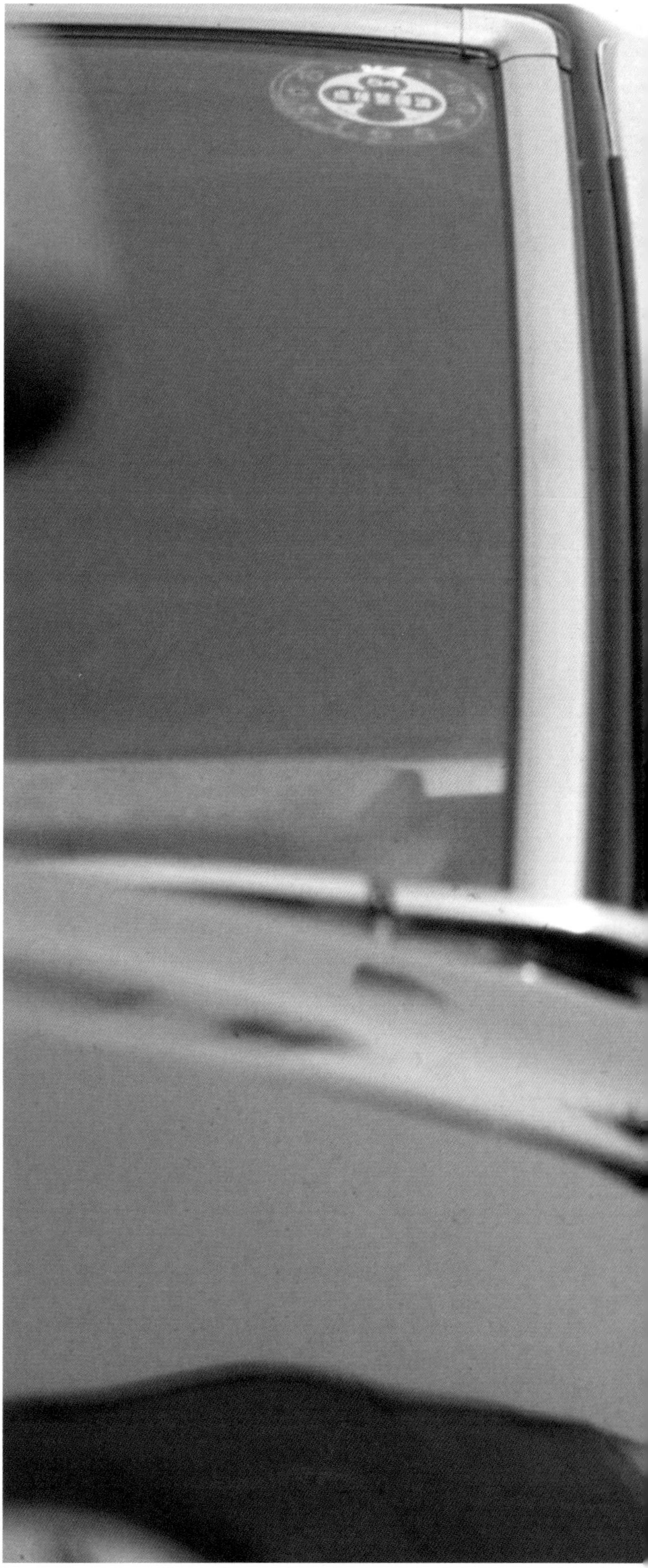

TEAM DAIMON

暴力は許し
全国交通安全運動実施中

MY DEAR FRIEND

OFF-SHOT

西部警察
LADY BIRD

4WD
西部警察

西部警察
100回放送記念
特別機動車輛発表会
主催
石原プロモーション
東急エージェンシー
テレビ朝日

SAFARI 4WD
サファリ4WD

西部署第2の特車として登場。主に源田が運転していたが、『PART-Ⅱ』以降は大門団長が臨機応変に運転した。マイクロコンピューター特殊無線機、高性能レーダー装置、高圧放水銃、散水銃を始め、多くの特殊装置を搭載した特別機動車輌。実はこのサファリ、谷のおやっさんも使用している。残念ながらスチールは残っていないが映像にその勇姿が映っている。

KUROPATO
黒パトカー

『PART - Ⅰ』黒パトに関してはそのほとんどのベースが後期330、430型セドリックを使用している。後期330型セドリックSGLモデルベースの黒パトは大門や谷刑事らベテラン刑事が使っていた。

COLT LAWMAN 2inch
コルトローマン2インチ

『西部警察』に限らず1970-1980年代の日本の刑事ドラマでは必ずといってよいほど使われていた。大門団長もレミントンと並び常に携帯して使用していた。谷、浜、南のベテラン勢と、大門軍団の名サポーター佐川勘一、二宮武士らもこちらを携帯していたものと思われる。

DAISAKU's CAR and GUN

GENTARO HAMA
POLICE ACTION

BEST SHOT

浜源太郎（井上昭文）

西部警察署刑事

愛称ハマさん・おやっさん
刑事という仕事を生きがいに、一心不乱に働いてきた男。青春時代に一度愛した女性の子どもを自分の娘として育てている。1983 年（昭和 58）2 月 13 日殉職。

大門圭介の信条のひとつ「自分でまいた種は自分で刈り取れ」を叩き込んだ先輩刑事。『PART- II』第 35 話で連続警官殺人の犯人塚本国男（鹿内孝）と激しい銃撃戦の末殉職した。殉職後、2 階級特進した。

RUNS

HARIKOMI
張り込み

'83.2.13 殉職

POLICE SOUL

キクボタン

札幌
北海道テレビ放送
(HTB)

KUROPATO
黒パトカー

主に若手刑事たちがニューマシンを運転していたため、浜刑事らおやっさんたちがハンドルを握っている写真はないが、黒パトカーの助手席などで映っているのが映像で少し残っている。だから車に関してはおやっさんとの関係を記録したものは残っていない。

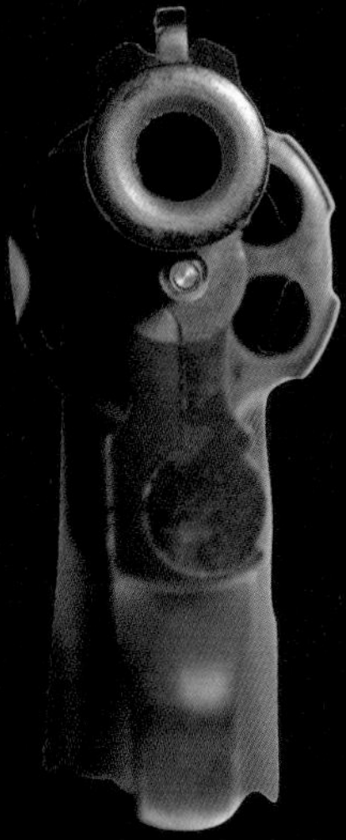

COLT LAWMAN 2inch
コルトローマン2インチ

ハマさん愛用銃。大門軍団の常備標準銃だったコルトローマン2インチは短身銃ながら高い火力とコンパクト性を誇り扱いやすく、アメリカでは護身用として警官に重宝された。ただし日本の警察に導入された例はない。木暮課長、大門団長も愛した銃である。

GENTARO's CAR and GUN

CHOTARO MINAMI
POLICE ACTION

BEST SHOT

南長太郎（小林昭二）

西部警察署刑事

愛称チョウさん。殉職した浜刑事の後任として西部警察署に着任。大門とは旧知の仲で、彼の熱烈なるラブコールに応えて西部警察署に移動を決意。一見のんき者に見えるが、刑事としての能力は高い。

「大門軍団の中で私が最年長らしいが、そんなつもりはさらさらない。彼らに負けずに若いですよ私は。というか、軍団の連中といるから、刑事としての情熱を失わずにいられるし、上に変に妥協せずにいられるんでしょうな」　小林昭二（こばやしあきじ）『さよなら西部警察』より

察刷新強化対策目標
刑事関係呼出明示表

GOOD JOB

洗心
刑事警察刷新強化対策目標

SHORT BREAK

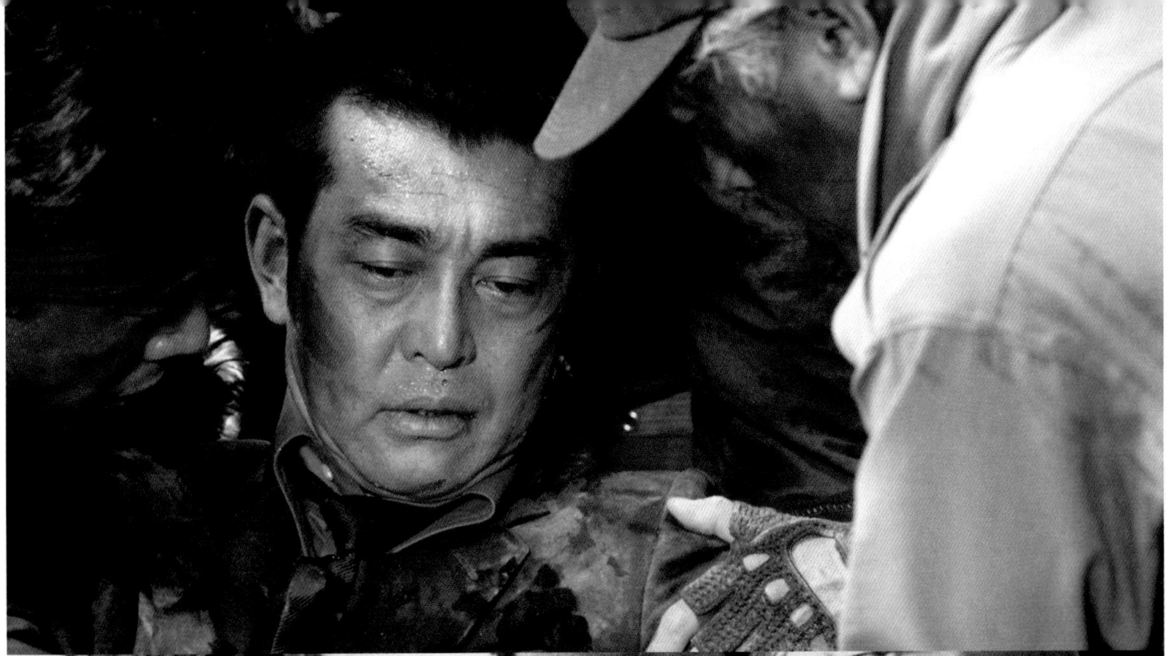

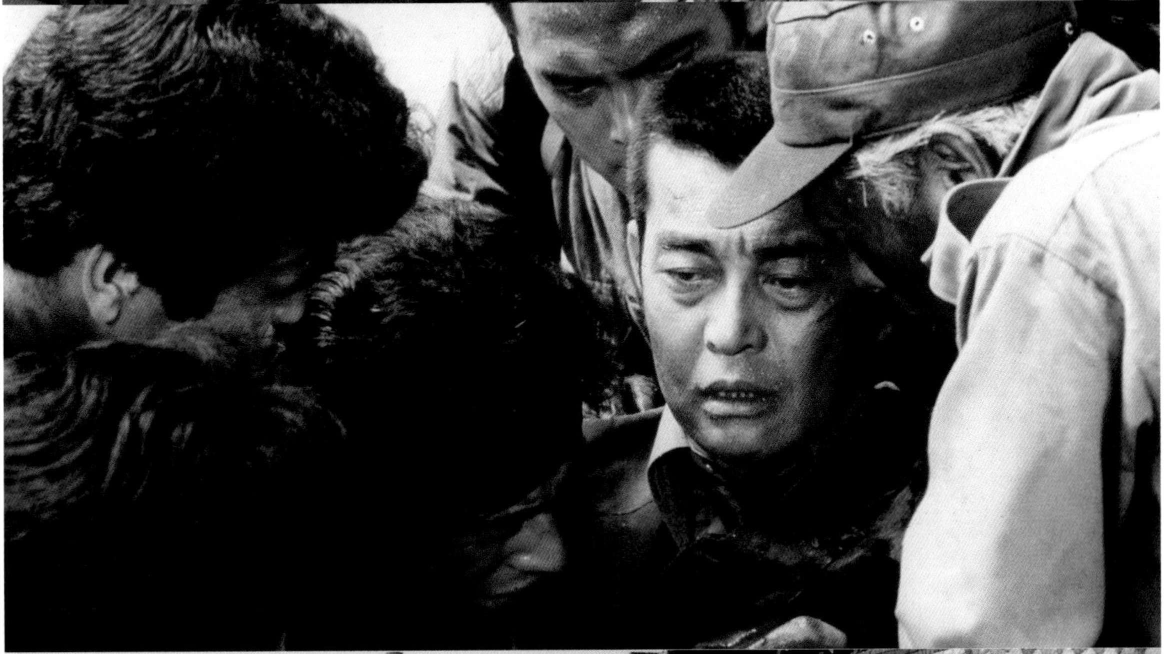

MACHINE RS-3
マシン RS- 3

『PART- Ⅱ』第 15 話でスーパー Z とともに登場したマシン RS を改造・改良したのが RS- 3だ。情報分析車としての使用はそのまま継続された。マシン RS 時代にオキが運転していたが、RS- 3になってからは後にジョー、イッペイ、ジュン、そしておやっさん南が運転した軍団メンバーの専用車である。

S&W M36 Chiefs Special
スミス&ウェッソン M36 チーフスペシャル

『PART- Ⅱ』 では主にコルトローマン 2inch を使用していたが『PART- Ⅲ』 で南が使用した銃がこれだ。1950 年にスミス&ウェッソン社が携行性を重視して開発した小型回転式拳銃。ポケットにしまえるほどの大きさで、「チーフスペシャル」 の名称は、商品発表時に警察官たちに名前の募集を行って採用されたもの。1957 年に現在の「M36」に改名された。日本の警視庁はこの「M36」 を輸入し、これを基に専用銃の「ニューナンブ」を独自に開発した。『西部警察』登場銃中、最もリアリティのある拳銃だ。

CHOTARO's CAR and GUN

ROKUZO KUNITACHI

特別編集

名優・武藤章生

国立六三（武藤章生）

西部警察署鑑識課員

通称ロクさん。『PART-Ⅰ』第2話より登場した西部警察署きっての腕きき鑑識課員。大門軍団が扱うすべての事件の科学捜査と分析を担当。特に弾丸の鑑識に優れている。

鑑識官という役についていろいろ考えました。分析結果など、本当ならメモを見ながらしゃべってもおかしくないのですが、それでは納得がいかず、全部丸覚えで普通のセリフのようにしゃべりました。また法医学の本なども参考にしました。御木裕さんから「本物の鑑識官みたいだ」って言われました。　武藤章生（むとうしょうせい）

SIDE CHARACTER

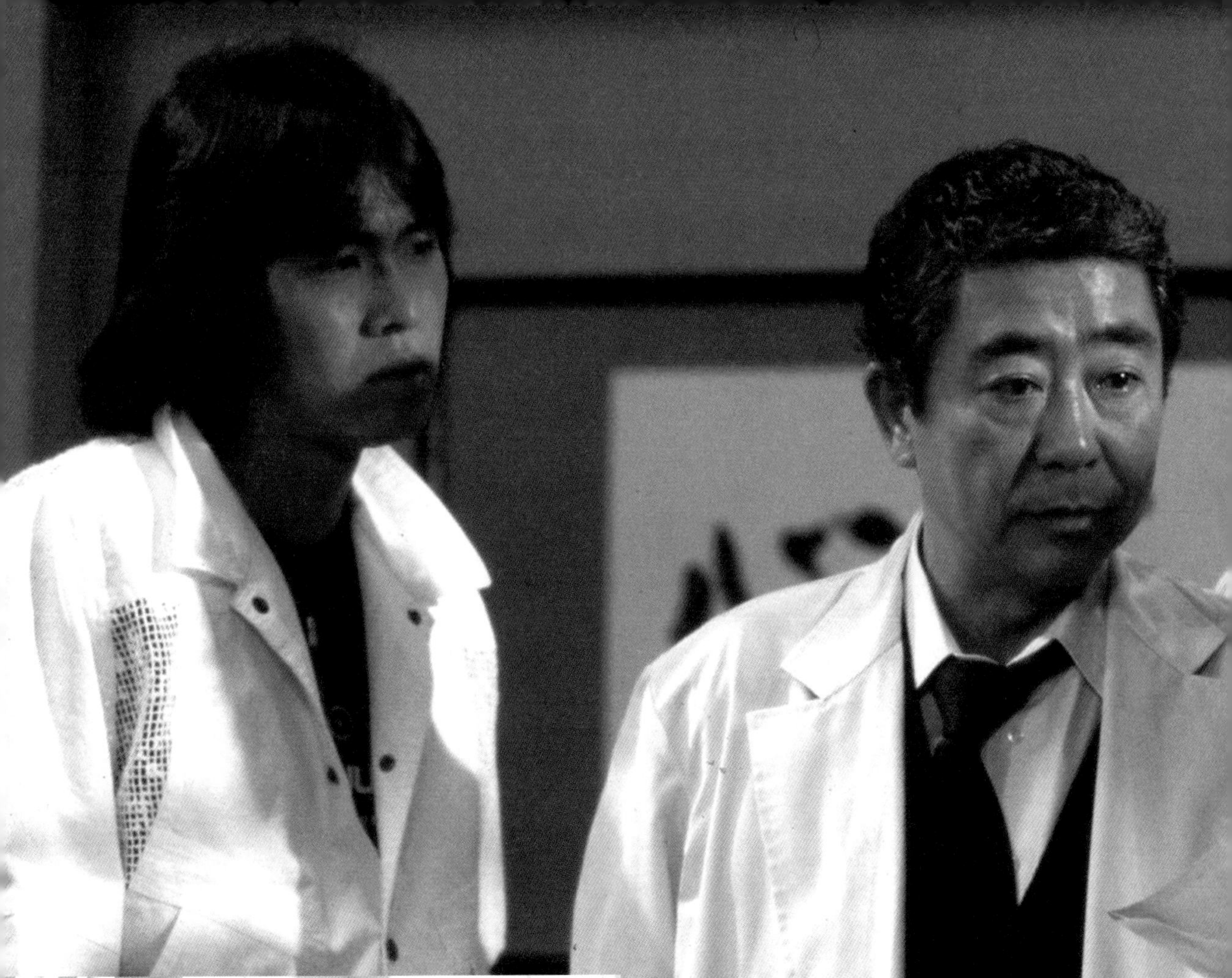

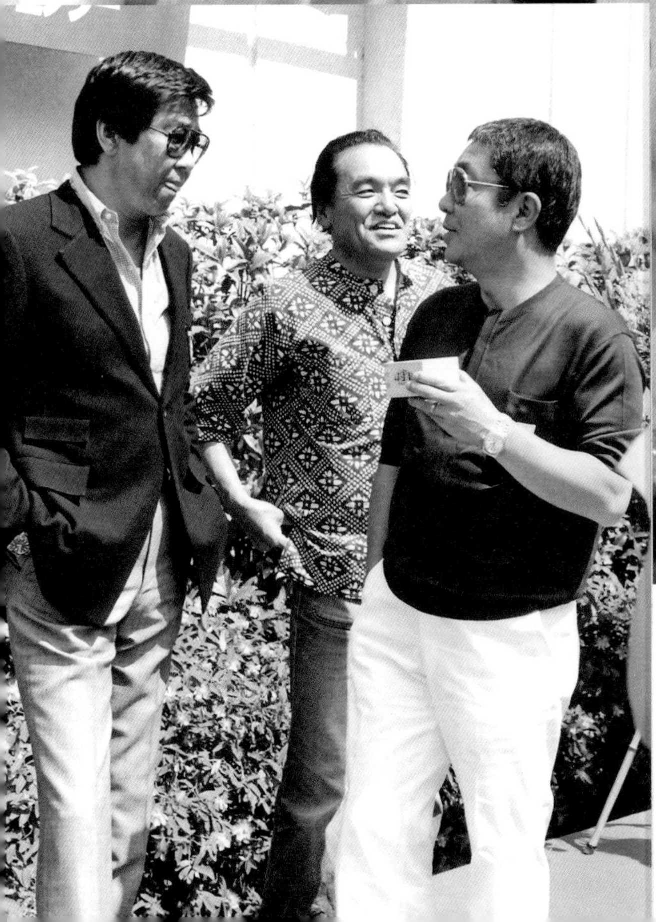

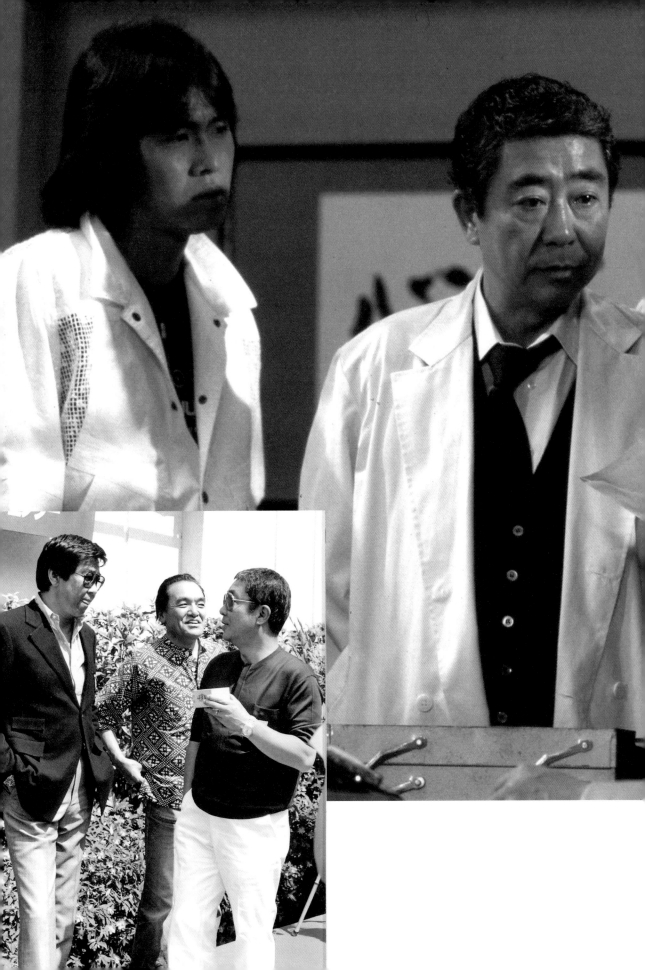

日曜日夜8時の国民的人気ドラマ『西部警察』PART-Ⅰ

谷大作×藤岡重慶 ホット&パワフル お蔵出し秘蔵フォト！ 1979—1980

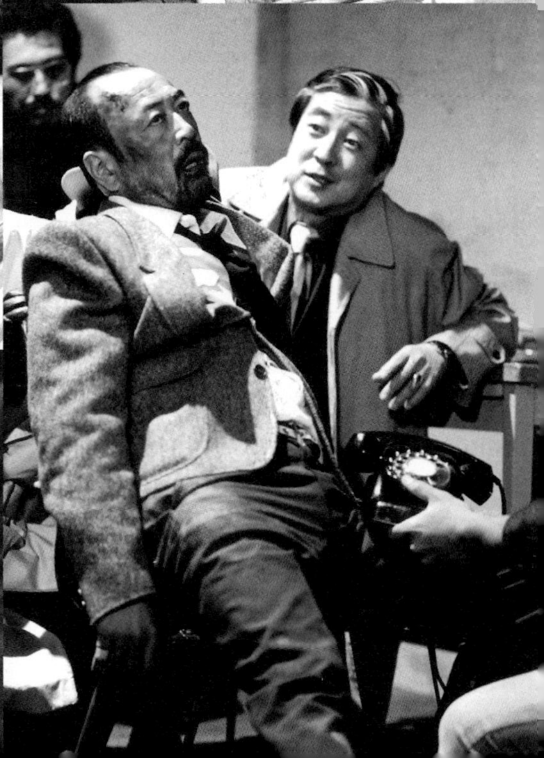

村田銅業

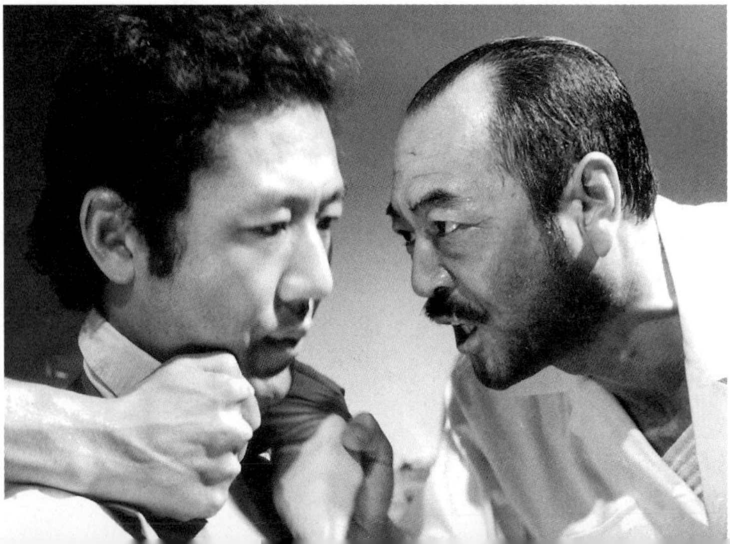

庫
品川58
97-35

清酒之精華
松竹梅

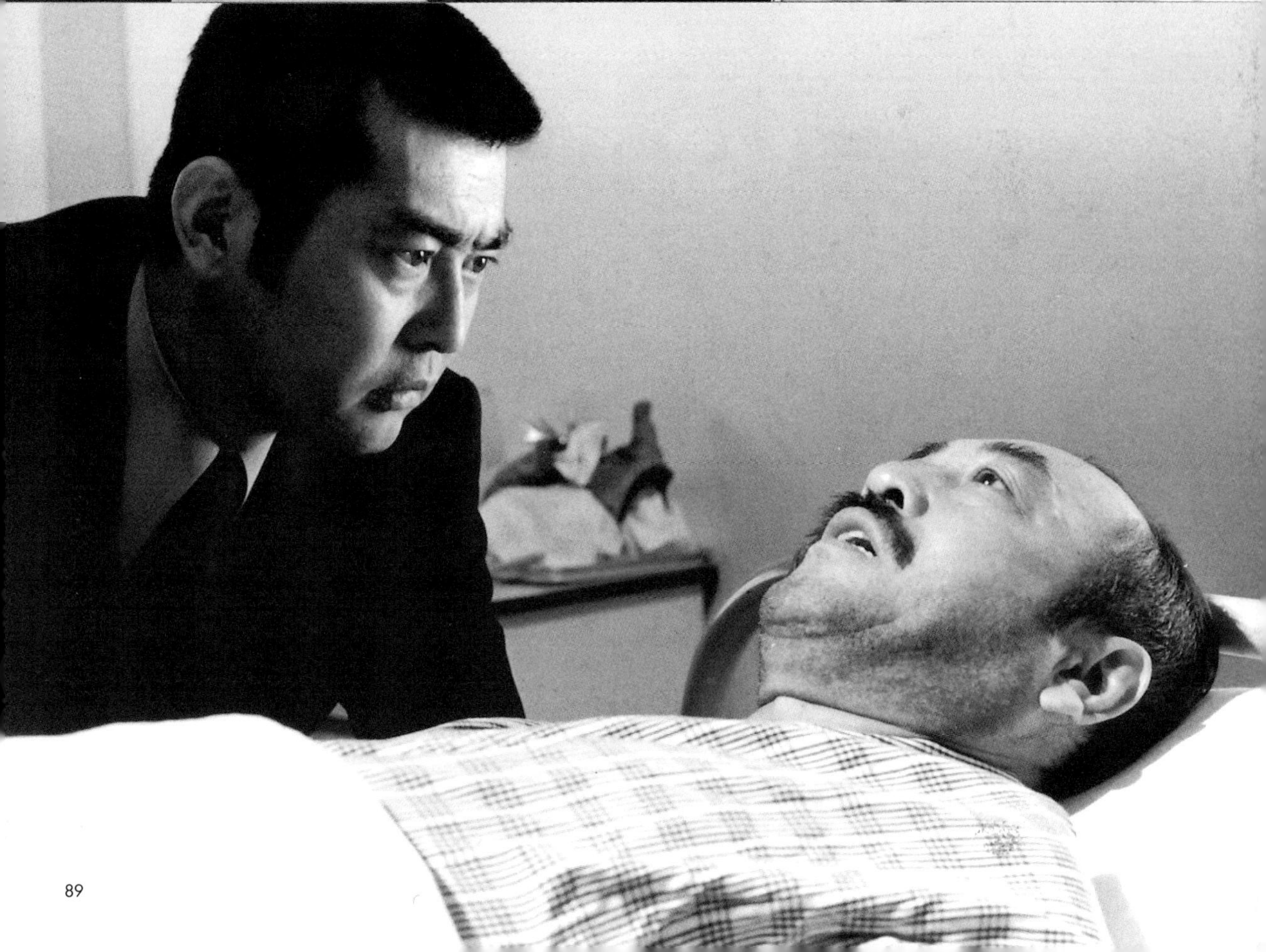

RELAX

'80年代型刑事ドラマのおやじさん像を示した谷大作刑事
舘ひろしからもスタイリングを学んだ藤岡重慶はスタイリッシュなベテラン刑事だった

刑事ドラマの定番に通称〝おやじさん〟と呼ばれる、ベテラン&老練刑事の存在がある。

本邦本格刑事テレビドラマの第1号『七人の刑事』（'61年）からすでに、名優・美川洋（陽）一郎演じる老刑事、小西刑事は登場しているが、やはりそのポジションを明確にしたのは'70年代の刑事ドラマだろう。

『太陽にほえろ！』（'72年）の、下川辰平演じる長さん（野崎太郎刑事）、『GMEN'75』（'75年）の、藤木悠演じる山田八兵衛刑事、『特捜最前線』（'77年）の、大滝秀治演じる船村一平刑事等枚挙《まいきょ》にいとまがないが、石原プロ制作の『大都会』シリーズ（'76〜'79年）にも当然、〝おやじさん〟は登場している。名優・高品格演じるマルさんこと丸山米三刑事だ。

第1作目の『大都会―闘いの日々―』では、あくまでも〝渡哲也演じる黒岩頼介刑事の先輩刑事〟というキャラ付けの範疇にとどまったが、『PART Ⅱ』よりが然〝おやじさん〟刑事ぶりを発揮。『PART Ⅲ』に至るまで、その〝老いてはいるが、実績と経験値に基づいたすご腕のベテラン刑事〟という設定を活かしたエピソードが多数作られた。

そうして『大都会PART Ⅲ』の終了から間髪入れずに、テレビ朝日系で『西部警察』（'79年）がスタートしたが、役名やキャラクターは違えど寺尾聰、苅谷俊介らが続投したことで、当時『大都会』シリーズに夢中になっていた我々視聴者は、当然〝おやじさん〟ポジションも高品が続投するものと思い込んでいた。ところが番組の制作発表記者会見や雑誌の新番組紹介記事を見てびっくり！高品さんではなく藤岡重慶さんではないか!?藤岡さんには申し訳ないが、当時、がっかりしたのは私だけではないはず。その藤岡さんが、名作TVアニメ『あしたのジョー』（'70年）で、主人公・矢吹丈（声・あおい輝彦）を鍛える名トレーナー、丹下段平の声を演じていたことに気づくまで若干時間がかかった（当時はネット等今ほど情報が普及していなかったので、記憶力に頼るしかなく各俳優さんの経歴を把握するのも結構難しかったのだ）。

だが、第1話から観進めていくうちに当初の違和感は払拭され、〝新しいおやじさん〟像として、歓迎モードに切り替わっていったのだから視聴者は現金だ。

何より、その叫びの芝居を観て、〝あれっ？この声？〟と、ようやく〝丹下段平の声の人〟と気付いた瞬間、藤岡演じる谷大作刑事は、『西部警察』を観る大きな楽しみのひとつに切り替わった。それは我々視聴者だけでなく、共演者やスタッフもそうだったようで、イッペイこと平尾一兵刑事役の峰竜太も〝なんたって丹下段平ですもんね。よく、ジョー（北条卓刑事役の御木裕）がいる目の前であの名セリフの「立て！立つんだジョー!!」と叫んでもらいましたよ〟と、後年、述懐していた。しかしそう言われて即やってくれる藤岡もじつにお人柄のいい方としか思えない。御木は都度、苦笑していたそうだが。

その谷大作刑事だが、『大都会』のマルさんにはない設定が与えられたことで、よりキャラクターが深味を増した。

〝新人時代の大門圭介（渡哲也）の先輩刑事にして教育係、大門に刑事のいろはを教えた人物〟という設定だ。つまりは大門の刑事としての〝師匠〟にあたるわけで、これは丸山刑事も同様だったことと思うが、劇中で明確に語られることはなかった。『西部警察』では回想シーンまで設けて、東部署時代の少し若き谷が、若き大門を叱咤激励しているシーンが描かれ、その設定が最大限活かされていた。なので〝老いては子に従え〟の諺どおり、今や立派な〝団長〟に成長したかつての弟子の指揮下に入り、〝ダイさん〟と呼んで部下として彼を立て、有事には真っ先に〝生死をともに宣言〟をする谷刑事は、とてつもなく〝かっこいい大人〟として若年視聴者の目には映った。

だからこそ、ジンこと兼子仁刑事（五代高之）が、谷のミスを激しくなじった際、大門が初の鉄拳制裁を加えたことに説得力が生まれたのだ（『PART-Ⅰ』第12話）。

『PART-Ⅰ』第46話では、谷が過去に拳銃を奪われ、迷宮入りとなった事件の犯人・古屋茂（小林稔侍）を発見。古屋を追った谷は彼の雇った殺し屋に撃たれ重傷を負い、一度は古屋の逃走を許すものの執念で逮捕。見事汚名を返上した。

また、藤岡は渋谷や新宿、原宿等いわゆる都会をテリトリーにしている刑事、ということで、谷刑事のスタイリング（衣裳）にも非常に気を遣っていたという。ある時、舘ひろしが下はGパンに上はシャツで、その上にジャケットスーツを羽織って現場に現れた。それを見た藤岡がその場で「あっ！」と、漏らしたが、その後、特に何も言わず、舘は「？」と思っていた。すると後日、藤岡が、シャツこそYシャツに変え、下Gパンにジャケットを着て現場に現れたという。「衣裳ひとつとってもすごく熱心な方でしたね」とは舘の弁。役柄の谷同様、藤岡自身も後輩から謙虚に吸収する俳優だった。

他の二人の〝おやじさん〟に比してやや若かったこともあり、藤岡は車の運転にも果敢に挑んだ。サファリ4WDを運転した〝おやじさん〟は谷だけだろう。もちろん黒パトも頻繁に運転していたが、都会的なこともあり、ステアリングを握る姿も決まっていた。

残念ながら『PART-Ⅰ』だけの登場に終わったものの、マルさんとはまた違う、新しい〝おやじさん〟像を提示した点でも、藤岡の谷大作刑事は刑事ドラマ史上、特に評価に値する存在だろう。

（岩佐陽一）

日曜日夜8時の国民的人気ドラマ『西部警察』PART-Ⅱ

浜源太郎×井上昭文 ホット&パワフル お蔵出し秘蔵フォト! 1982－1983

CITY OF
MOORHEAD
POLICE

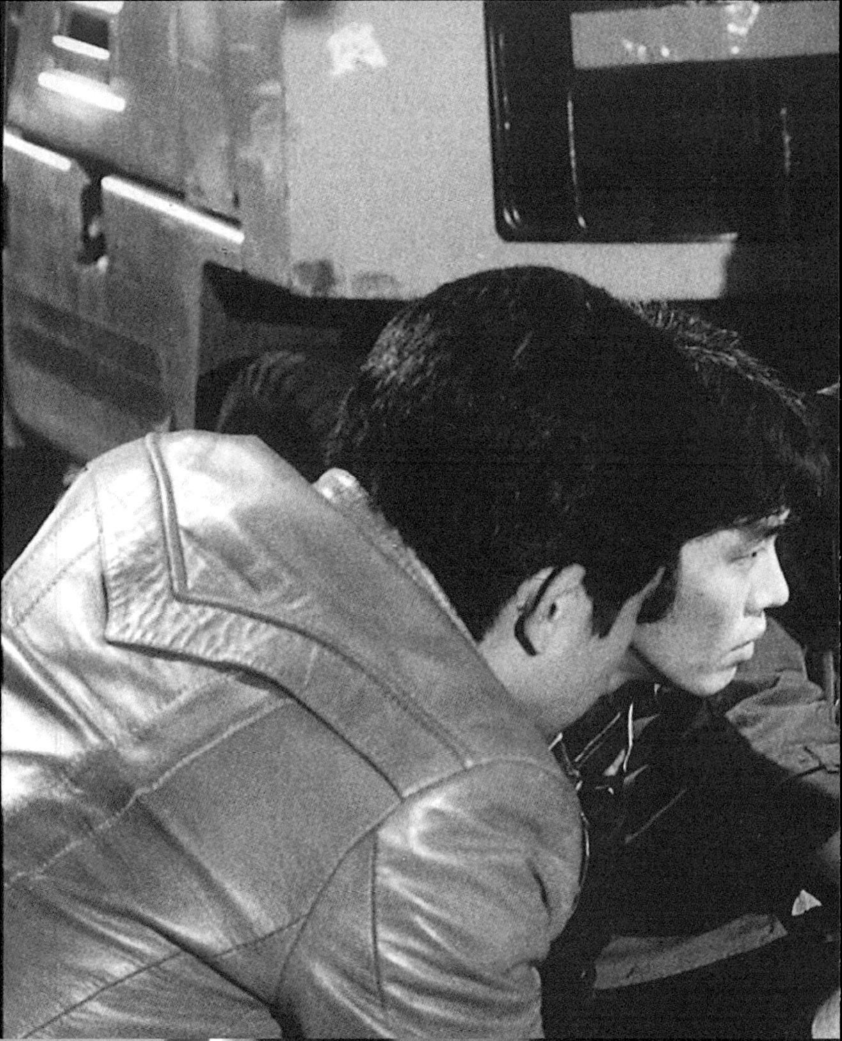

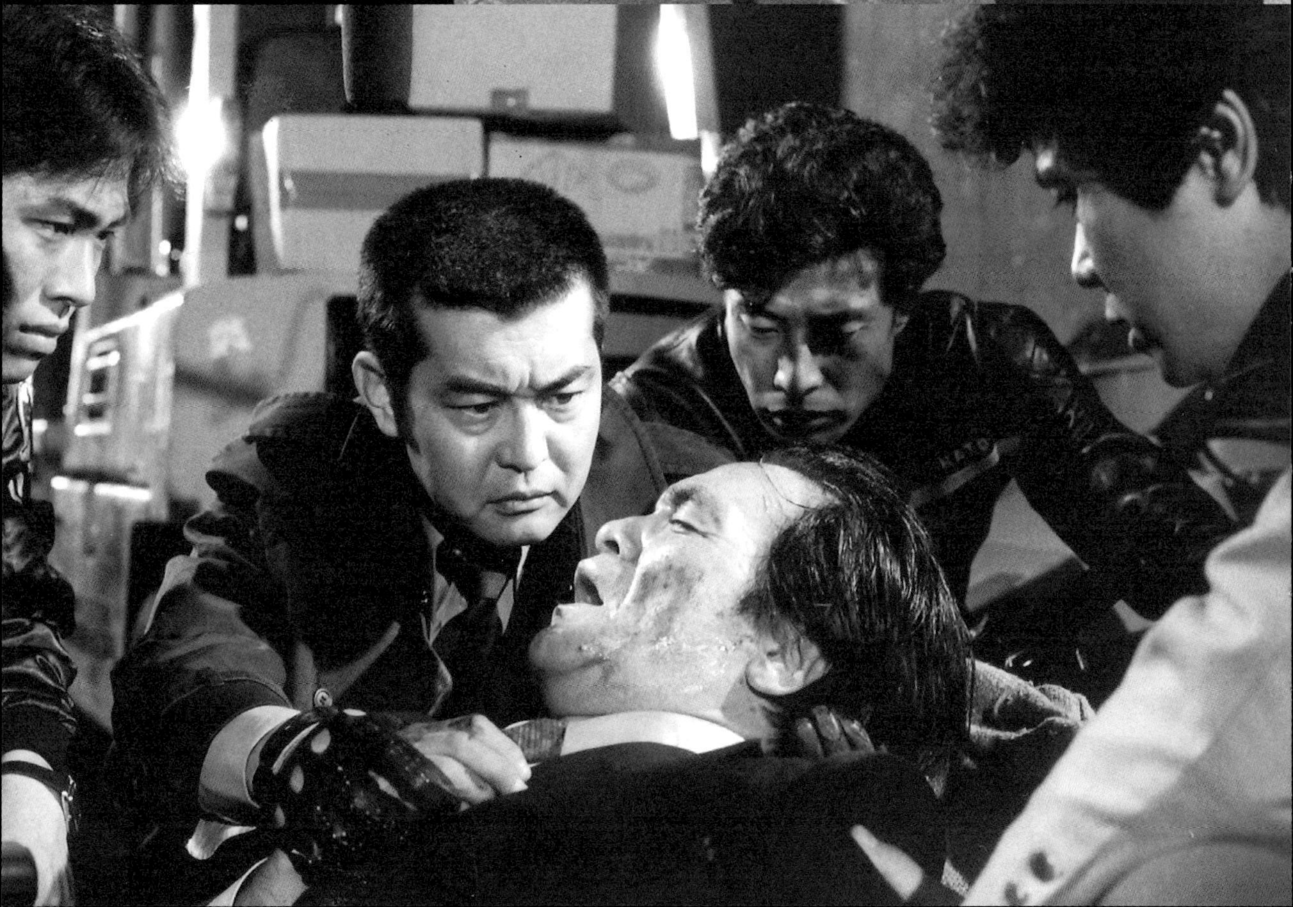

3人の〝おやじさん〟中、唯一の殉職刑事となった浜源太郎
親友の忘れ形見を男手ひとつで育てた老刑事を熱演した名優・井上昭文の記憶

浜源太郎刑事は『西部警察　PART－Ⅱ』（'82年）のみに登場。全35話という、3人の〝おやじさん〟刑事の中ではいちばん登場話数の少ない老練刑事となったが、他の二人に勝るとも劣らぬ存在感を示した。何より、唯一殉職したおやじさん刑事であったことは大きい。

　その浜刑事は『PART－Ⅱ』第1話より登場。ここでまた我々視聴者は、〝あれっ? 藤岡重慶さんじゃないの⁉〟と驚くことに。新登場のオキこと沖田五郎刑事（三浦友和）を〝第三の主人公〟とすることでスタートした続編だけに、寺尾聰の降板はやむなし（というより寺尾の降板あっての三浦の新加入だったわけだが）として、苅谷俊介と藤岡の降板は、やはりファン的には残念というより淋しかった。ハト（ポッポ）、イッペイ、ジョー、そして二宮武士係長（庄司永建）が残留なだけにそれはなおさらだった。

　さらに第1話から観進めていくにつれ、その浜刑事が谷大作刑事とほぼ同じプロフィールの持ち主であることがわかり、我々視聴者の衝撃度は増した。〝かつての大門の教育係（師匠）で、男手ひとつでひとり娘を育てている〟という設定が明らかにされたとき、〝この『PART－Ⅱ』は、一見『PART－Ⅰ』の続編と思われながら、パラレルワールドに違いない〟と、誰もが思った。今で言うマルチバースだ。そうして視聴者は〝二代目おやじさん〟として浜刑事の存在を納得し、認識した。

　若き大門団長への矜持、「自分で蒔いた種は自分で刈り取れ」を与えた浜刑事の存在感はやはり大きかった。

　演じる井上昭文は、往年の日活アクション映画や時代劇等でコワモテの悪役を頻繁に演じつつ、川内康範原作の特撮ヒーロー番組『愛の戦士 レインボーマン』（'72年）では仙人のダイバ・ダッタ役を。また、『正義のシンボル コンドールマン』（'75年）では呪術者のタバ老人役なども演じ、当時は幅広い役柄をこなす芸達者な名優として知られていた。

　とりわけ永井豪原作のTVドラマ『ハレンチ学園』（'70年）では、丸ゴシ先生といういかにもマンガチックなキャラクターを見事におもしろおかしく誇張して好演し、お茶の間の人気を博した（浜刑事から入ったファンは逆にこの役はびっくりすることだろう）。そんな名人＝井上が演じただけあって、すぐに藤岡とは別味の、ある意味オーソドックスな〝おやじさん刑事〟として、大門軍団の中でも大きな存在感を示していった。

　浜の主役編はひとり娘の幸子（荒井玉青）絡みのものが多く、幸子の友人でモデルのはるみ（中島はるみ）が何者かに命を狙われた。爆弾から彼女をかばった浜は負傷。だが、その身をおして、はるみが相続する莫大な遺産を狙った犯人たちから、彼女を守り抜き、事件を解決した（『PART－Ⅱ』第32話）。

　井上の年齢・体力的な問題もあり、藤岡ほどのアクションはこなせなかったものの〝日本全国縦断ロケーション〟にも果敢に参加。あの激しい爆破や銃撃、カーチェイスをくぐり抜けた。

　衣裳は一貫して黒に白のストライプ入りのジャケットスーツにYシャツを着用。ノーネクタイの方が多かった。この辺でも、前任の谷刑事とは異なり、従来の老練刑事像を明確に打ち出していた。

　その浜刑事が独自の魅力を醸し出すのは、やはり娘の幸子（荒井玉青）の設定が明らかになったあたり（『PART－Ⅱ』第12話）からだ。

　じつは幸子は浜の実の娘ではなく養女だった。第二次世界大戦中に鹿屋航空隊少年航空兵時代の同期の桜、安井（深江章喜）の娘を忘れ形見として引き取り、育てていたのだ。その安井は犯罪者として命を落とし、浜の死別したとされる妻も、じつは安井の妻で、彼女の遺骨も自分の先祖代々の墓に入れたという、相当な情の深さである。この〝血のつながりのない〟哀しき父と娘の物語は、沖田五郎の〝不治の病設定〟と並んで、『PART－Ⅱ』のドラマ性に、より深味を与えていた。特に幸子が浜とは血のつながりがないと知ってなお、実の父親として認めるシーンは『PART－Ⅱ』屈指の名シーンのひとつだろう。そしてこのシーンがあるからこそ、のちの浜の殉職が、より悲劇性を増したのである。

　その浜刑事は、『PART－Ⅱ』第35話で警官連続殺害犯で、元警官の塚本国男（鹿内孝）と激しい銃撃戦の末、殉職した。駆けつけた大門団長に涙ながらに娘・幸子への遺言を託し、軍団員たちも見守る中、大門の胸に抱かれて眠るように息を引き取った。『PART－Ⅱ』ではただひとりの殉職者である。

　演じる井上が免許を持っていなかったため、車を運転するシーンはほとんどない。大概、イッペイやジョーが運転する黒パトやマシンRSの助手席に座っていた。『PART－Ⅱ』第6、16話で、マシンRSの運転席から降り立つシーンはあるので、劇中では浜は免許所持者という設定だったのだろう。

　また、マシンRSの後部座席でコンピュータを操作する（キーボードを叩く）シーンがあり、〝なんという順応性の高い老刑事！〟と、視聴者を驚かせたこともある。

　当時の刑事・アクションドラマとしては、比較的殉職の少ないシリーズだった『西部警察』ワールドにあって、〝おやじさん刑事の殉職〟というなかなかに衝撃的な幕引きを見せた浜刑事。いまわの際の「父親らしいことを何ひとつしてやれなかった。済まなかったと伝えてください」という名セリフとともに、決して忘れ得ぬ名キャラクターのひとりである。

（岩佐陽一）

日曜日夜8時の国民的人気ドラマ『西部警察』PART-Ⅲ

南長太郎×小林昭二 ホット&パワフル お蔵出し秘蔵フォト! 1983－1984

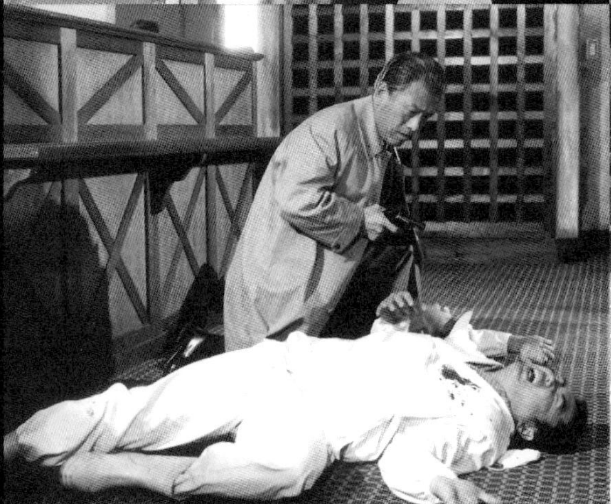

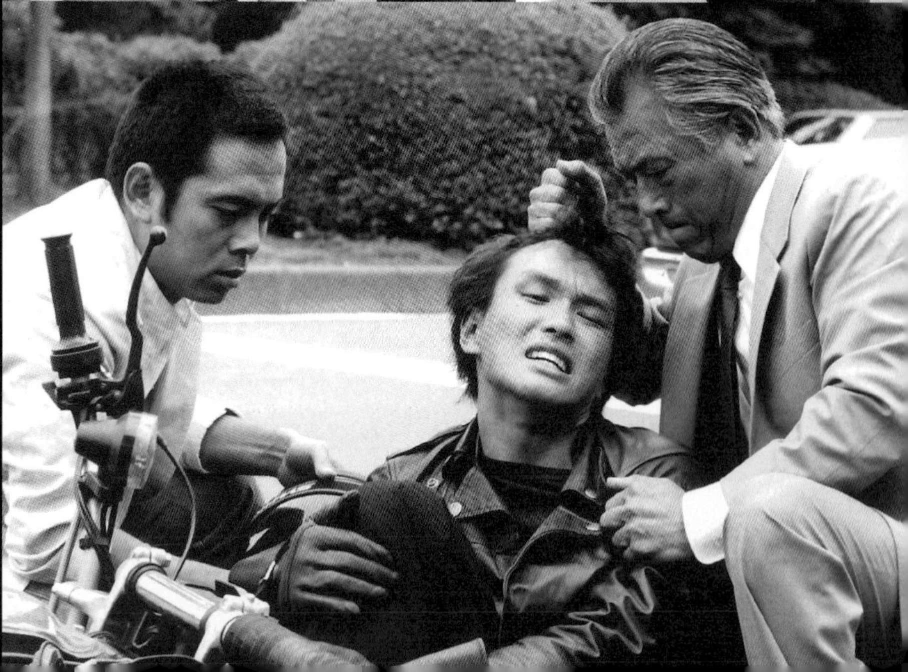

ALVE
HC RS

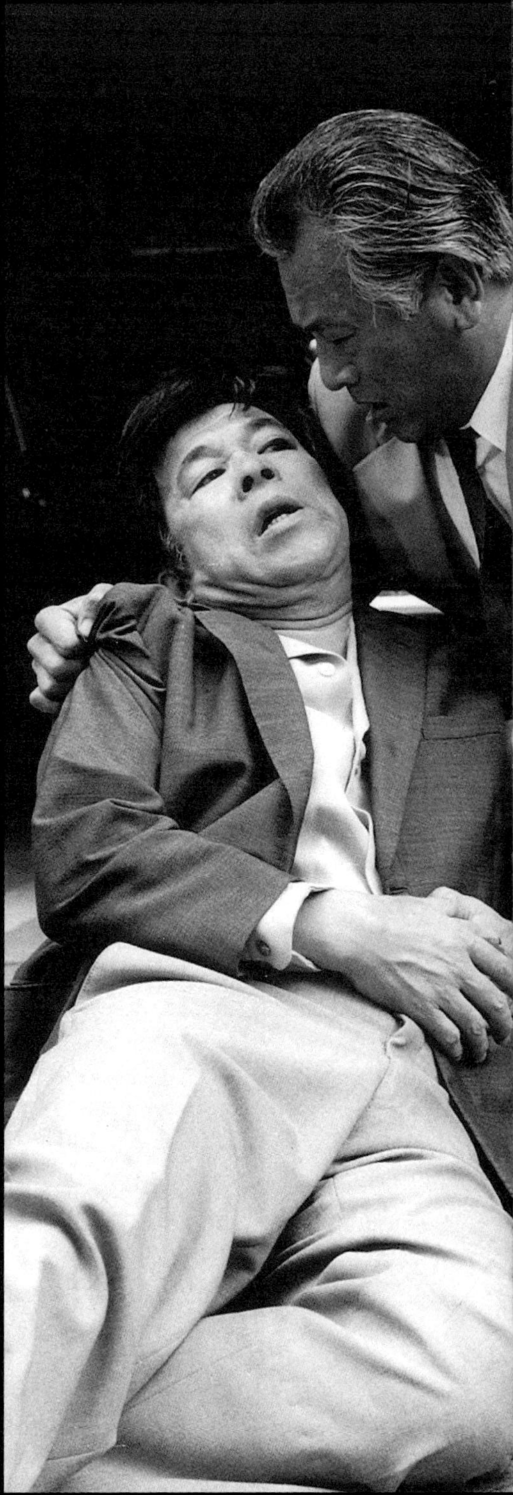

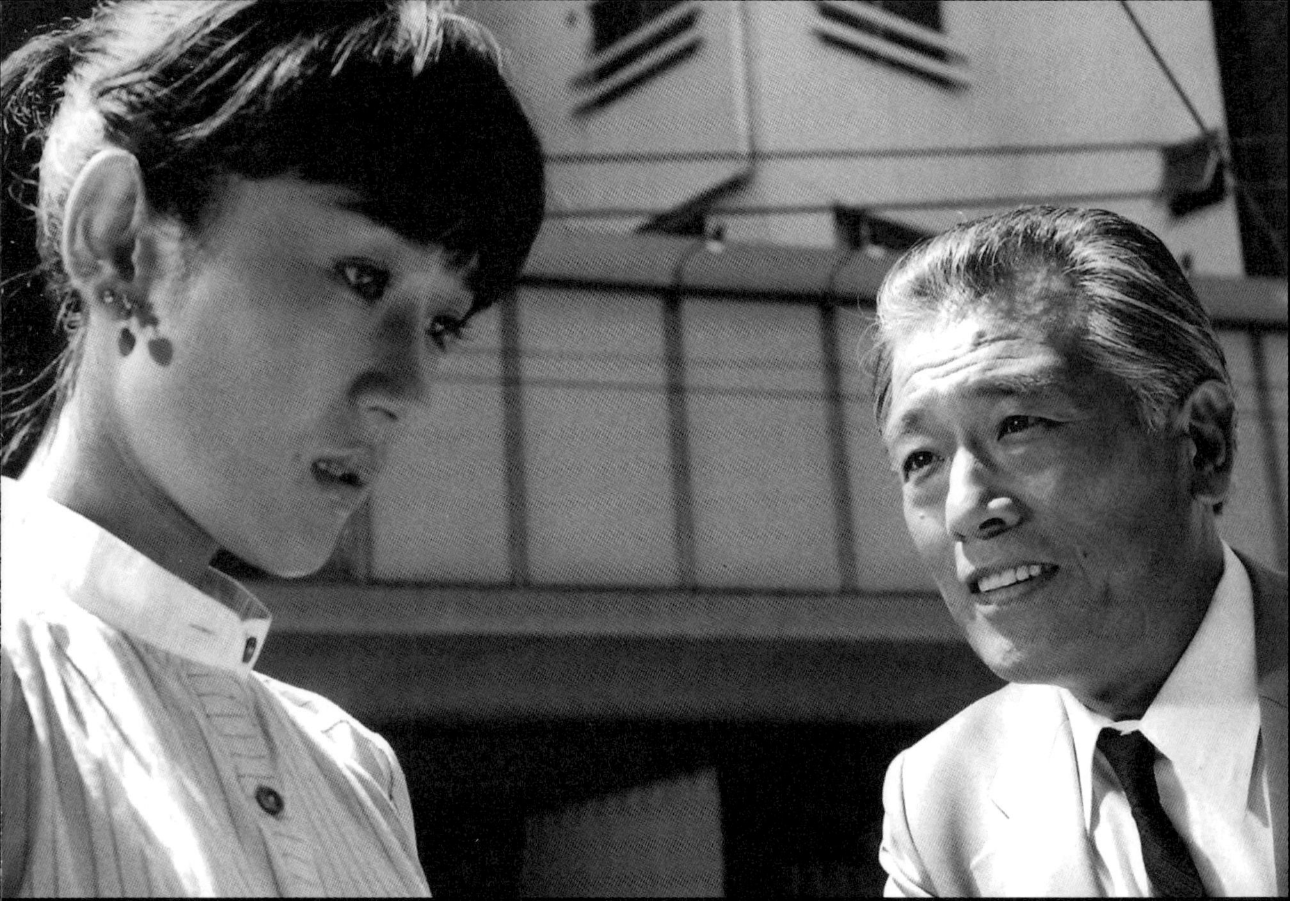

朝風呂好きで陽気、けれど正義感に厚い〝第三のおやじさん刑事〟南長太郎
三浦友和も喜んだ、小林昭二の元『ウルトラマン』の隊長役の存在感は『西部警察』でも健在だった

殉職した浜刑事の後任として『西部警察ＰＡＲＴ－Ⅱ』第36話より登場したのが、やはり名優・小林昭二演じる南長太郎刑事だった。『西部警察』シリーズ第三の〝おやじさん〟刑事である。

南刑事はその名前から、ニックネームがおやじさんの他に〝チョウ（長）さん〟となったが、当時『太陽にほえろ！』の長さんと被った。だが、小林昭二と下川辰平という当代きっての名バイ＝プレイヤーが演じたことで、明確に区別が付き、双方並び立った。これぞまさに〝役者力〟の為せる技だろう。

3人の〝おやじさん〟の中では最も経歴が明確で、昭和28（１９５３年）３月に城南警察学校卒業、同年４月に巡査を拝命し、警視庁警ら隊に配属。10年後の昭和38年３月、巡査部長に昇進。さらに10年後の昭和48年、城西署赴任時に大門と先輩・後輩の関係にあった。そして昭和53（１９７８）年、東部署（ということは大門と同時期に転属？）赴任時に彼の運命を変える事件が。新人後輩刑事とともに銀行強盗犯を追跡中、南が犯人に撃たれた。新人刑事は援護射撃ができず、南は拳銃を奪われてしまう。その後、本庁で行われた事件の査問委員会で南は、新人刑事の非を責め立て詰め寄った上役を思わず殴った。結果、南は八丈島の八神警察署捜査一課に左遷される。定年まで残り2年を控え、そこで刑事生命を全うする覚悟をした彼に救いの手を差し伸べたのが、かつての後輩・大門だった。大門は浜の後任として、この頼もしき先輩・南を熱烈にラブコール。南も刑事として最後にもうひと花咲かせようとの想いから、大門の心意気にこたえ、西部署〝三代目おやじさん〟を拝命することに。

その南は着任当日、朝風呂に長湯して迎えに来たイッペイを辟易とさせた。この時点で我々視聴者へのつかみはＯＫ！というか、南の〝新しいおやじさん像〟が明確に浮き彫りにされた。直後、事件が発生。イッペイとともに現場へ直行した南は、イッペイの銃を借りて華麗な射撃の腕前を披露。あまつさえ銃の整備不良も見抜き、〝この漢《おとこ》、できる！〟感を体現して見せた。

前任の浜刑事があまりにも悲劇且つシリアスな結末を迎えた反動からか、この南はかなり明るくポジティブなキャラクターとして描こうとの制作スタッフたちの意図が窺《うかが》え、小林のキャスティングはまさにうってつけだった。何より当時の『西部警察ＰＡＲＴ－Ⅱ』のメインの視聴者は、『ウルトラマン』（'66年）や『仮面ライダー』（'71年）等の特撮ヒーロー番組を卒業した中学～高校生、大学生ら。そんな彼彼女らにとって小林は、かつての『ウルトラマン』の（ムラマツ）隊長であり、『仮面ライダー』のおやじさん（立花藤兵衛役）でもあった。もう一も二もなく大変受け入れやすく、南＝長さんはあっという間に『西部警察』ワールド、そしてお茶の間に馴染んでしまった。

オキこと沖田五郎役の三浦友和も小林については「もう、なんたって『ウルトラマン』の隊長だもんね（笑）。僕も〝あゝ隊長が来た！〟って思って嬉しかったですよ」と語っており、〝あゝ三浦さんもやっぱりそう思われていたんだ〟と、お話を聞いているこちらまで嬉しくなってしまった。

『西部警察ＰＡＲＴ－Ⅱ』は南登場からわずか5回で最終回（第40話）を迎え、当時の視聴者の胸に一抹の不安がよぎった。〝まさか『ＰＡＲＴ－Ⅲ』でまたおやじさんが変わってしまうのでは⁉〟。だが、それは杞憂に終わり、南は無事に続投。番組開始早々の第6話にして沖田刑事のドラマに決着が付き、沖田は退場。その前の第5話で、沖田の不治の病を知った南が、沖田もいる宴席で、涙ながらの顔を服で隠して得意のヘソ踊りを踊るシーンは小林の熱演もあり、涙なしには観られない。

『ＰＡＲＴ－Ⅲ』第13話では東部署時代に奪われた、かの拳銃（コルトオートマチック32口径）を犯人の手から奪還。見事、汚名を返上した。ここまで細かくキャラが深掘りされた老練刑事もなかなか珍しい。これも南のキャラクターと小林の魅力が物語を牽引した証《あかし》だろう。

谷、浜両刑事同様、人一倍人情には厚く、『ＰＡＲＴ－Ⅲ』第38話では、かつて逮捕し、服役していた犯人・日下寅吉（玉川良一）の出所を自ら出迎え、彼の舎弟分ともども祝杯をあげた。直後、寅吉に殺人の嫌疑がかかるが、全力でその無実を証明。彼が、迷惑をかけた実の娘のお詫びにと、真犯人一味を強請《ゆす》り、その金を娘に渡そうとしていたことを知るとそれを阻止。その際、重傷を負った寅吉を救出し、大門軍団とともに事件を解決に導いた。

『ＰＡＲＴ－Ⅱ』から引き続いて、というか、よりスケールを増した〝日本全国縦断ロケーションシリーズ〟にも果敢に参加。あのすさまじい爆破や銃撃戦、カーチェイス等の戦火を軍団員とともにかいくぐった。『ＰＡＲＴ－Ⅲ』第19話では、荒波渦巻く玄界灘の船上での激しい銃撃戦にも参戦。観ているこちらがヒヤヒヤした（小林さんのことが心配になった）。車の運転も積極的に行い、『ＰＡＲＴ－Ⅲ』第40話ではマシンＲＳ－１を、第17話ではＲＳ－２をそれぞれ運転して視聴者を驚かせた。

3人のおやじさん中、最も不幸な点は大門団長の殉職に立ち会ってしまったこと。居合わせた軍団員の中では、唯一大門より歳上であり、自分より若い刑事の死は、老練刑事にとって何よりつらいことだったはず。その哀しみを小林の〝演技を超えた演技〟が見事に画面上から伝えていた。

（岩佐陽一）

石原プロ梁山泊の秘密

「ここが『西部警察』発祥の地」

スペシャルインタビュー

石原プロ照明部 **椎野 茂**（元石原プロ役員）

スクープ秘話初公開！

調布染地社屋 手作りで完成させた！ 新社屋！

3回にわたる増築で完成！

映画の失敗から会社再建に向け

「会社がたいへんな時期、虎ノ門の一等地に不相応な事務所を構える必要はない」と石原裕次郎社長の決断によって、我々は調布染地に引っ越してきました。事務方は虎ノ門から、出稼ぎで稼いでいた僕たち制作の人間は京王線の芦花公園から越して来たのです。

新社屋は敷地260坪（858平方メートル）の土地にプレハブの2階建てで、廊下を歩くとギュギュと音がして、2階へ上がる鉄製の階段は、歩くたびにドタンバタンと大きな音がしました。大道具の大ベテランのおやじさんによって3回ほどの増築を重ねて60人近いスタッフが出入りできる仕様に仕上げ、そこから毎日、ロケ現場へでかけていました。裕次郎さんは「俺の社長室はいらない。

1F 石原プロモーション（平面図）

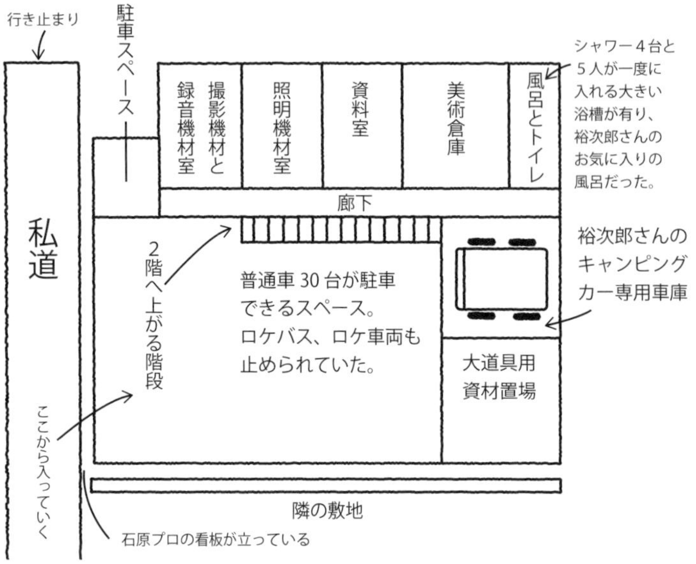

2F

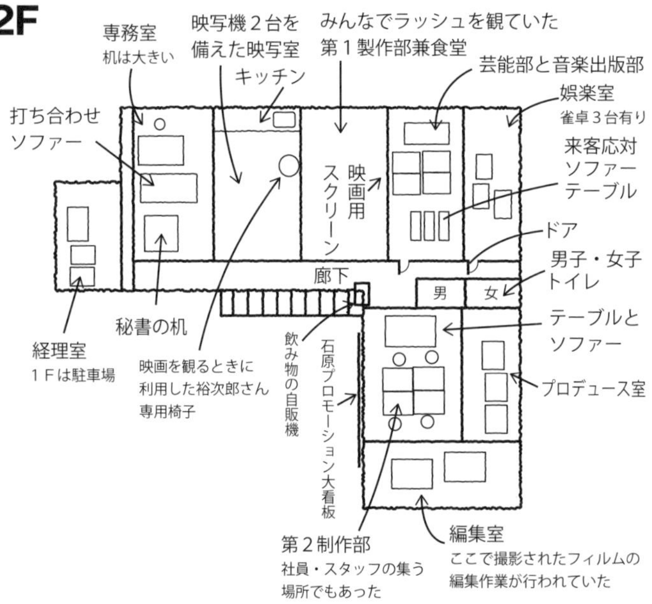

それよりみんなの働きやすいスペースを確保してくれ」と断り、打ち合わせなどは各部屋に顔を出してやっていました。

　階段を上がってすぐ左手の第一制作室は、社員、スタッフが集う場所で、食堂や打ち上げなどで使っていました。すぐ隣の部屋が映写室とつながっていますので『黒部の太陽』『栄光への５０００キロ』といった我が社の大作映画を観たり『西部警察』の試写などで活用していました。石原社長専用のお気に入りの椅子もあり、スタッフで映画やテレビ映画を映写してお酒を飲みながら夜を明かしたりもしました。楽しい思い出です。

　もう一つ、裕次郎さんお気に入りの場所は、１階の奥にあった浴室です。大の大人４人か５人がいっぺんに入れるくらいゆったりとした風呂で、仕事がないときも、いきなり来て、いい湯をリラックスして楽しんでいました。

　いまでも僕の記憶に鮮明に残っているのが、昭和56年4月、ロケ先で倒れた裕次郎さんが、大動脈瘤の大手術から奇跡の生還を果たし１３０日間の入院生活から退院した、翌日の９月１日の祝う会の鮮烈なシーンです。

　この日、お客さんが帰ったあと、会社の人間だけ２階の第一制作室に集められ、お祝いの会を開いたのです。

　冒頭、まき子夫人と並んで挨拶に立った裕次郎さんが、みんなを前にしてただ一言

「ありがとう……」

　それだけ言ってあとは言葉にならず、大粒の涙をボロボロ流したのです。あんな社長裕次郎さんを見たのは初めてです。

　僕らも思わず、もらい泣きして、号泣しました。まき子夫人も流れる涙をぬぐおうとせず、ただ泣いていらっしゃった。

　このとき、改めて、石原プロに入社して良かった、これからもこの人について行こうと、腹を決めたのです。社員は、このことで、より結束を強いものにして、『西部警察ＰＡＲＴ－Ⅱ』の地方ロケに向けての準備を始め、翌年の昭和57年5月19日、静岡ロケから前代未聞の怒涛の地方ロケがスタートしていったのです。

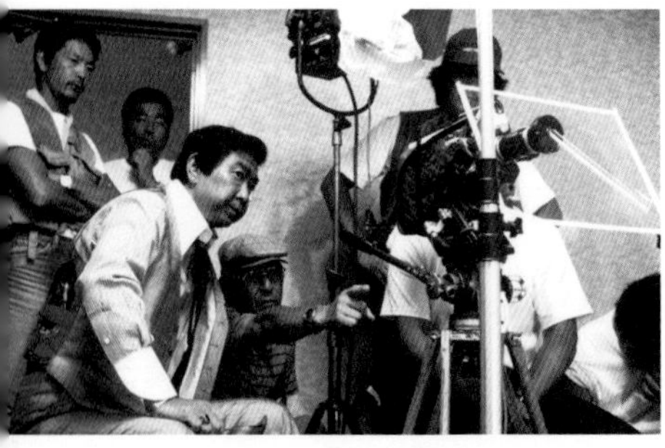

カメラアングルから照明まで、入念に打ち合わせをして撮影を進めた裕次郎さん。
（裕次郎さんの左に立つのが椎野さん）

石原プロ調布染地 梁山泊 敷地260坪（858平方メートル）プレハブ2階 徹底公開！

ロケバスや、裕次郎さん専用のキャンピングカーや、スタントマンの三石千尋さんの派手なアメ車などが駐車場を埋めていました。

裕次郎さん、まき子夫人の銅婚式も染地の社屋２階の第１制作室兼食堂で社員らと祝った。写真左から照明椎葉さん、小林専務、金宇常務。

昭和 56 年９月１日、慶応病院を退院した裕次郎さんは翌日、染地の石原プロで復帰のお祝いをしました。渡哲也さん司会進行。

左の写真は雪の日の石原プロ。階段横に雪を被っているのは、小林専務の愛車、ニッサン•セドリック。その奥の車庫に、石原裕次郎専用のキャンピングカーが見える。撮影所への往復に活躍した。右下の写真と比べて見てほしい。事業拡大で、1階と2階部分が増築されていることが分かる。増築された部分は、1階が資料置場で、2階は編集室とプロデューサー室として使われた。
左下写真は、駐車場から左側を撮ったもの。
この1階の撮影機材や録音機材を収納した部屋の前に『西部警察PART- III』のポスターが張ってある。2階の専務室の前にも同じポスターが。

石原プロモーション

Coke

時の流れ——

昭和59年（1984）初冬

専務室前の廊下から見た景色

石原プロの流儀

インパクトこそが命
縦断ロケで
全国を席巻

あの大ヒット作品はこんな物語があった。
西部警察前夜第7回

石原裕次郎、
渡哲也、
小林正彦の決断

インパクトこそ、石原プロの命

昭和五十七年五月十九日早朝、石原プロが本拠地とする日活撮影所は、撮影キャラバン隊が待機していた。大型車輌や特殊車輌など四十一台にオートバイ三十台。スタッフは総勢百二十名という大所帯で、まさに〝戦闘軍団〟を思わせた。

午前五時半、渡哲也とコマサをしたがえるようにして、焦げ茶のコールテンの上下にサングラスをかけた裕次郎が、ゆっくりとした足取りで姿を見せる。ファンや報道陣、そして近隣から集まった多くの人たちから拍手が起こる。「西部警察全国縦断ロケーション」の出陣セレモニーがこれから始まるのだ。

裕次郎が挨拶に立つ。

「これから十日間の大変ハードなスケジュールでありますけど、ロケーション、ケガのないように、そして身体を壊さないように、そして頑張っていきたいと思います」

一語ずつ区切り、力強く、噛みしめるように言ってから、一転、人なつこい笑顔を見せると、「えー、わが社には一人、お祭り好きな男がおりまして……」

そばに控えるコマサを見やる。慶應病院で行われた連日の記者会見で、コマサはすっかり有名人になっており、ドッと笑い声が起こる。

そのコマサの仕切りで、六百個の風船が青空に放たれ、ブラスバンドが力強い曲目をメドレーで演奏する。

「景気よく花火を打ち上げましょうや」

と、打ち合わせのときにコマサが提案したが、さすがに早朝の花火は近所迷惑だろうと、裕次郎がたしなめたのだった。

出陣セレモニーが終わると、渡哲也率いる撮影キャラバン隊は静岡に向け、エンジン音を響かせながら、撮影所を出て国道を西下して行く。五月の空はどこまでも抜けるように青く、太陽が眩《まばゆ》く昇っていた。

見送る裕次郎は感無量であった。昨夜は興奮で一睡もできなかった。一年前、自分は生死をさまよった。生還率3パーセント——百人が手術を受けて九十七人が亡くなるという絶望をかいくぐり、いまここにこうして立っている。「奇跡」と言ってしまえばそれまでだが、この言葉に込められた命はとてつもなく重いものに感じられるのだった。

ご当地を舞台に物語を製作し、地元企業から協賛金を募るという「全国縦断ロケーション」はドラマのスケールアップのため、経営的見地から発想したコマサの企画だったが、テレビ朝日系列各局が進んでロケ地誘致に名乗りをあげたのは、裕次郎が退院するときにつぶやいた一言も大きく影響していた。

裕次郎は言った。

「入院中、日本中のファンから多くのお便りをちょうだいした。さまざまのメッセージ、励まし、お見舞い、熱い応援……。心強かった。身体が回復したら、お礼を言いに全国をまわりたいな」

これをそばで聞いていたコマサが、

「それでいきましょう」

と応じ、記者発表の場で「日本全国縦断ロケーション」の趣旨として語り、静岡県を皮切りに広島県、北海道などロケーション撮影のスケジュールが発表された。裕次郎はお礼行脚《あんぎゃ》のため、渡は『西部警察』のアピールのため、そしてコマサはこれをビジネスとして成功させるため、三位一体となったトロイカが『PART-Ⅱ』を牽引していく。

静岡ロケは五月十九日から二十九日までの十一日間が予定され、第10話「大追跡!! 静岡市街戦—静岡・前篇—」、第11話「大激闘!! 浜名湖決戦—静岡・後篇—」の二作を撮る。ストーリーは二つの凶悪な組織—M—16ライフルの武器密輸組織と、その武器を奪って金塊強奪を狙う不動産屋を装った犯罪組織を追って静岡に現れた大門軍団が、壮絶な闘いを繰り広げるというもので、スリリングな展開になっている。

静岡ロケで裕次郎はヘリコプターで静岡駅前広場に降り立ち、ファンの前で復活をアピール。

五月二十四日、多くの報道陣が待ち構えるなか裕次郎は新幹線で静岡に入った。地元紙の記者に体調を問われ、裕次郎が答える。

「塩分を一日八グラムに制限されていますので、かみさんが書いたメモをコマサが持ってホテルの調理師さんに渡してあります。あとは何も心配ない」

静岡でのロケ協力は、テレビ朝日のネット局「静岡けんみんテレビ」が担当した。同局にコマサから要請が入ったのは二月四日のことだった。

「第一段はぜひ静岡でやりたい。ついては口ケ費用三千万円の地元協力をお願いしたい」
　単刀直入に言った。三千万円の協賛金を集めるため、静岡けんみんテレビに協力して欲しいということだ。
　これ対し、局内では反対の声が上がった。
「ローカル局の力量に余るのではないか」
　と危惧したのだ。
　第一弾ということなので前例がなく、三千万円の協賛金を集めるだけのメリットがあるのかどうか。慎重になるのは当然だったが、
「ここで、ウチの存在感を示したい」
　という編成部の熱い思いが反対を押し切ったのだった。
　さっそくコマサが石野プロデューサーや脚本家、撮影スタッフらを引き連れ、静岡にロケハンに赴いた。富士サファリパーク、駿府城、浜名湖など、県内の観光地を見て歩く。コマサは日活時代、製作主任として全国を駆け回っており、ロケハンはお手のものだ。石原プロ製作『栄光への5000キロ』では、裕次郎の命を受け、一人でアフリカにロケハンし、四ヵ国五千キロを車でまわっている。そんなコマサにとって、『西部警察』の全国縦断ロケの仕切りは独壇場であったろう。ロケハンをしながら、カーアクションや爆破シーンなど、仕掛けのアイデアが頭をめぐっていた。
　カーアクションは駿府公園内堀通りで撮ることにした。ロケーションとしては静岡色が出ていて悪くないが、第一弾として目玉になるようなインパクトが欲しい。『西部警察』の初回では装甲車「レディーバード」を登場させ、これが大きな話題になって番組のスタートダッシュとなった。番組が話題になればニュースやワイドショー、そして週刊誌や新聞がこぞって取り上げる。地元企業がPRのため協賛金を出すメリットは大きくなり、ロケ協力の地元局も営業がしやすくなる。
「何かねぇかな」
　コマサがつぶやき、ロケハン一行は、静岡けんみんテレビのスタッフの案内で浜名湖にまわった。
　天気がよく、春風が頬に心地よかったが、コマサ一人が難しい顔をして湖面を凝視している。
「専務、どうかしましたか？」
　石野プロデューサーが声をかける。
「あの船だ」
「遊覧船がどうかしましたか？」
「ドカーン！」
「ドカーン？」
「ハデに爆破させるか」
「そんな無茶な！」
　と言ったものの、コマサは一度言い出したら後には引かない。頭のなかで遊覧船の爆破炎上シーンを描いている。幸い、遊覧船は今回のロケで宿泊などで世話になっていたリステル浜名湖の持ち物だった。すぐにホテル・リステルの鈴木長治社長に打診すると、
「それは面白い！」
　と、乗り気になり、全面協力を取りつけた。人を巻き込んで話を進めるのは、コマサの得意とするところだった。廃船一歩手前のものを化粧直しすることで爆破炎上の話はまとまった。
「これで間違いなく大きな話題になるぜ」
　コマサがニヤリと笑った。
　撮影プランの大筋は固まったが、難問がひとつあった。捜査課長・木暮謙三警視――すなわち、裕次郎をどう形で登場させるかである。
「これもインパクトが欲しいな」
　浜名湖を眼下にするホテルのティールームで、コマサ、渡、石野、それに主だったスタッフが加わってミーティングが続いている。
「スーパーカーを駆って登場ということもあるんじゃないですか？」
　スタッフの一人が言うと、
「カーアクションとかぶってしまう」
　言下にコマサが否定し、
「俺が言うインパクトとは、社長の完全復活を印象づけるという意味だ。あれだけの大病をしたんだ。世間は〝裕次郎、大丈夫か〟と思っている。この思いを払拭しておかないと『西部警察』のイメージが弱々しくなってしまう。そのためにはビジュアルで見せる必要がある」
　裕次郎が復帰しました――と、いくら口で言っても駄目で、どう形で復帰したのか、説得力が問われるというわけだ。
　石野はプロデューサーの立場からさまざまな案を口にしたが、渡は黙って聞いていた。俳優は演技するのが仕事――そう思っている。ストーリーの組み立てや人物像の設定は、監督と脚本家の領域であって、演技者が口をはさむべきではない。意に染まなければ、四の五の言うのではなく、出演を断ればいい。それが渡の俳優観だった。そして副社長としての自分の責務は、製作現場をまとめ、遅滞なく撮影を進行させること。渡という男は決して領域を超えることなく、自分を律する。
「そういやぁ、静岡駅は再開発していたな」
　コマサが何か思いついたようだ。
「ええ、工事をやっています」
　スタッフが返事すると、「あそこにヘリを降ろしたらどうだ。バタバタバタバタってヘリが着陸してきて、中から社長が降り立つ。どうだ？　インパクトがあるだろう。これなら社長の完全復活もアピールできる」
「しかし」
　と言いかけて、石野は言葉を呑みこんだ。遊覧船の爆破炎上のアイデアをまとめたコマサだ。
　懸念を口にしても耳を貸すはずがない。
　コマサはすぐさま静岡けんみんテレビの担当責任者である編成部長の島﨑征郎

に電話をした。

「駅前の再開発地にヘリを着陸させたいんだ。石原がそこから降り立つ」

――ヘリですか！

「許可を取ってくれ」

――駅前にヘリですか……。

「交渉する前から腰が引けたんじゃ、なんにもできんだろう」

こう言われては、担当者も意地でもトライしてみるしかないだろう。

――わかりました。やってみます。

島﨑は意を決し、けんみんテレビのあらゆるチャンネルを使って当局と交渉し、許可を得ることに成功する。

撮影当日。赤いペイントの入った一機のヘリコプターがローターの爆音を響かせながら静岡上空に飛来する。大門と大門軍団がそれを見上げる。胴体部に「静岡県警」の文字。ヘリが降下する。着陸してコックピットのハッチが開き、中から木暮課長が降り立つ。駆け寄る大門軍団……。この感動のシーンはマスコミが大きく取り上げ、コマサの目論見どおり、裕次郎の完全復活をイメージづけた。

この日、撮影の様子をひと目見ようと、駅前には一万五千人ものファンが押しかけた。ヘリから裕次郎が降り立つこのシーンは、遊覧船の爆破炎上シーンとともにメディアの報道によって増幅され、「日本全国縦断ロケーション」は初回から強烈な印象を与えることに成功するのだった。

縦断ロケスタートでは、いきなり静岡県浜名湖で遊覧船を爆破させた。

追い風を帆にはらんで

コマサが取ってきた協賛企業の会社名を聞いて、渡が訝った。

「なんだ、その『海洋牧場』っていうのは？」

「かいわれ大根を生産しているんだ」

「かいわれって、あのかいわれかい？」

「そう。大根だからって、畑でつくっていると思ったら大間違いだ。プラント工場で大量生産してるんだ。『海洋牧場』が、協賛企業として真っ先に手を挙げてくれた」

コマサが説明してから、石野プロデューサーに、

「うまくストーリーに組み込んでくれ」

と注文をつけた。コマサは「俺は〝銭ゲバのコマサ〟だ」と、みずから公言して憚《はばか》らず、現場にも数字にも滅法強いが、本質は情の男だ。協賛金もさることながら、真っ先に手を挙げてくれたということに感激しているのだ。

協賛金を集めることに理解はしていても、かいわれ大根を登場させる必然性がどこにあるのか。俳優として作品を主体に考えれば、渡にこだわりがないわけではなかったが、すべては裕次郎と映画を撮るためだと、自分を納得させた。

面食らったのは、石野と脚本家の新井光だ。店やホテルであれば看板を映せばいい。しかし、かいわれ大根を登場させるとなると、そう簡単にはいかない。

「どうします？」

新井が石野に問う。

「確か、あの会社は静岡駅前に割烹料理店を経営していると言っていたな」

「そうですが……、あっ、その手でいきますか」

脚本家だけに石野の言わんとすることがすぐにわかって、

「大門軍団がそこで作戦会議を行い、合間にかいわれ大根を注文する……なんてのはどうですか？」

「それでいこう」

ということになった。

『PART-II』から新たに刑事役として加わった三浦友和が、作戦会議のなかで、

「すいません、あのう……かいわれの追加を」

とおかわりをさせるシーンや、峰竜太の「皆さんどうですか？　静岡のかいわれ、いきますか？」というセリフになるのだった。

協賛企業を募る狙いは、ロケの予算を増やすことにある。これによってドラマのスケールアップを図ることで『西部警察』の人気を煽り、これがスポンサー獲得につながっていく。石原プロの経営体力が強化されれば、映画製作はもちろん、裕次郎が意図する独自路線を切り拓くことが可能になる。これが「銭ゲバのコマサ」と公言する〝コマサ流経営哲学〟だった。

コマサが協賛企業を募る方法について、

渡にこんな話をしたことがある。
「相手に〝お願いします〟とこちらから懇願すれば風下に立つが、お願いされる立場になればその逆になる。どうすればお願いされる立場に立てるか。ここが経営ということだ。そのためには――」
と、ひと息継いで、
「大事なのは、相手が喜んでお金を払いたいと思うような仕掛けをつくることだ」
と言った。
その一例が、静岡ロケで見せたオープニングセレモニーだ。五月十九日の撮影初日、富士サファリパークで撮影を終えると、撮影隊は東名静岡インターから隊列を組んで静岡けんみんテレビ本社前へ向かった。サファリ、マシンX、白パト、覆面パト、黒バイ隊など四十一台の壮観なパレードだった。さらに、渡哲也率いる「大門軍団」が本社前に勢ぞろいしてセレモニーが行われる。会場には三千人のファンが詰めかけ、ロケ初日の模様は、この日のテレビ朝日「アフタヌーンショー」でも生中継された。
こうした方法をコマサは「チンドン屋」と表現した。地元役所の広報カーや地元テレビ局の宣伝カーが、「本日から『西部警察』の撮影が始まりますので、皆さんご協力を宜しくお願いします!」とアナウンスをしてまわる。オープニングセレモニーの案内チラシを配布し、テレビスポットでも連日、流す。そして当日、『西部警察』のオープニング・テーマを高かに鳴らしながら、スーパーマシンを先頭に石原プロの撮影隊キャラバンが市街に入ってくる。
〈なるほどチンドン屋だ〉
と渡は苦笑しつつ、これはコマサのアイデアというより、信念が生み出した結晶だと脱帽する思いでいた。
「テツよ」
とコマサが続ける。
「『西部警察』とボディに書いた車が撮影現場に入っていけば、それだけでお祭り騒ぎだ。俺たちはチンドン屋みたいなもんだから、シラーッとした静かなところにいたんじゃ駄目なんだ。
ゴワゴワガタガタと何事かがうごめいていてさ。東郷元帥の〝本日晴朗なれど波高し〟じゃないけど、こっちも向かっていく、相手も向かってくるで、バルチック艦隊との戦みたいなもんなんだ」
この「チンドン屋方式」で、『西部警察』は全国を席巻する。
ちなみに第一回目の静岡ロケ編では、地元静岡県で視聴率40パーセントを獲得して成功をおさめた。これによって静岡けんみんテレビは一気にメジャー放送局へ発展していった。
日本全国縦断ロケの第二弾「広島編」の撮影は夏場、七月三日から始まった。「広島市街パニック!!」「燃えろ!! 南十字星」の二本撮りで、路面電車を使ったカーチェイスや路面電車の爆破シーンなどをふんだんに盛り込み、
「テレビ映画でここまで撮れるのか」
と業界を唖然とさせる作品だ。石原プロの実力をまざまざと見せつけ、いまもテレビ史の伝説として、このロケは語り継がれる。
静岡編の遊覧船爆爆破炎上シーンが強烈なインパクトを与え、マスコミが大きく報じたことから、
〈爆破は画《え》になる〉
と確信したコマサは、広島編でも爆破シーンが欲しいと思った。広島ホームテレビを窓口として、広島市の全面協力を得ているので、それは可能だろう。ただし、爆破シーンは静岡編をしのぐスケールでなければならない。
意向を石野プロデューサーに伝え、脚本家の永原秀一が構想したテーマは、《市電「にしき堂号」が走行中に犯人にジャックされ、駅構内で犯人が仕掛けた爆弾で爆破炎上する》という破天荒のスケールだった。
「面白い!」
コマサは膝を打ったが、石野は懐疑的で、
「面白いのはわかりますが、電車なんか爆破させられないでしょう。湖上での遊覧船なら何とかなりましたが、相手は公道での電車ですよ。ねえ、渡さん」
と、助け船を求めるように渡を見た。
「やれる。〝こうしたい〟という要望を叶えるのが俺の仕事だ」
とコマサは言い切った。
数日後、コマサは渡と石野を伴い、全面協力してくれる広島電鉄を表敬訪問に訪れた。ビッグスターの渡哲也が同席することは、ここ一番の交渉では心理的に有利に働くことを見越してのことだった。
本社応接室で「よろしく」と挨拶をすませ、しばらく談笑してから、
「ところで」
と、コマサが世間話でもするように切り出した。
「アクションドラマですから、電車の窓の一枚も割ってしまうかもしれませんが、よろしいですか?」
「もちろんです。そのくらいでなくちゃ、迫力がないでしょう」
「でも、いま走っている現役車輌じゃ、もったいない。廃車予定の車輌をお借りすれば、御社にご迷惑をかけなくてすむんですが」
「ありますよ。じゃ、それをお使いください」
「ありがとうございます。あっ、そうだ。どうせ廃車にするなら、私どもが爆破してもかまいませんよね」
話が次第に大きくなっていって、爆破の了解を取り付けてしまったのである。
「たいしたもんだ」
とホテルに帰るタクシーのなかで、渡はしきりに感心するのだった。
広島ロケを見届けた裕次郎は八月一日、ハワイへ発った。「パンナム・クリッパーカップ・ヨットレース」に出場するため

石原プロ創立20周年パーティ。石原、渡、小林はさらなる躍進に向けて絆を深めて行った。

だ。久々のヨットレースとあって、心が弾んだ。各局のワイドショーが追いかけるようにハワイへ飛んだ。取材を受けた裕次郎が満面の笑みを浮かべて語る。

「まさか、一年足らずにしてヨットレースに参加できるなんて、それも国際レースでしょう。

それはなんとも言えないですね。闘病中はヨットの写真を二、三枚枕元に置いて、それを眺めて想いを馳せていました」

とヨットへの想いを語った。日焼けして、精気に満ちた裕次郎の笑顔が各局のワイドショーで放送された。

静岡ロケに次いで十月二十七日に放送された広島ロケ編では視聴率49・6パーセントと地元の他局を圧倒して新記録を樹立。その後の広島ホームテレビの躍進のきっかけとなった。

石原プロは逆風に翻弄され、帆をたたもうと考えたこともあった。コマサに説得され、渡に支えられ、これまで敢然と帆を張り続けた。いま石原プロというヨットは、裕次郎を乗せ追い風を帆にはらんで洋上を進む。

渡哲也、揺れる胸中

日本全国縦断ロケーションは北海道から九州まで順次、地元の歓声と期待に迎えられて全国をめぐっている。『PART‐Ⅱ』は昭和五十八年三月二十日の放送をもって終了とし、翌四月三日から『PART‐Ⅲ』として新たな放送が始まった。

そして五月二十五日、順風満帆のなかで、石原プロは創立二十周年を迎える。パーティはホテルニューオータニ「鶴の間」で盛大に行われた。

裕次郎が社長として出席者に謝辞を述べ、石原プロ創立の頃に思いを馳せてから、挨拶をした。

「本日は、ご多忙のところ、私どもの創立二十周年記念パーティーにご来席いただきまして、本当にありがとうございます。本当に感謝いたします。

二十年間を振り返ってみますと、長かったようで短くて、短かったようで大変長かったんですが、いろいろなことがございました。昭和三十七年の暮れに、旧日活のこよなく映画を愛するごく一部の人間たちとなんとか自分たちの手で好きな映画が撮れないかというのが私どもの会社の発足のきっかけだったんですが。その後、いろんな映画を手がけ、成功の甘き香りに酔ったこともございましたが、つかの間、失敗の苦汁を飲み、一時は会社をつぶすんではないかという挫折にもぶつかったこともございましたが、そのときに爪に火を灯してでも我々の映画精神を残しておこうじゃないかと只今、一緒におりますスタッフ、映画を愛する方々が、大変切羽詰まった気持ちで映画を作らせていただいた時期もございました。

今日、こうしてこの会場で皆様方と二十周年を共に祝えるということも、その辛かった思い出が積み重なって今日きたのではないかと私、自覚しております。

私、二年前の四月二十五日にぶっ倒れまして、ちょうど今日が入院して一カ月目ということになるのですが、それを振り返りますと、こうして高い場所から、皆さんにこんなに大勢の方々に祝福されて、もう、ちょっと感慨無量といいますか、信じられない気がいたします。これも一重に皆様方と、全国のファンの皆様の祈りが、天にまで届いたのではないかと思います。

本当にその節はご心配をお掛けし、ありがとうございました。

心新たにしまして、今日のこのパーティーを一つの節目にしまして、私はじめ、スタッフ一同、充実した仕事に尚一層励んでいきたいと思っております。皆様方にはますますのご支援とご指導を賜りたいと思います。本日は本当にありがとうございました」

副社長の渡は、人柄そのままに、実直な言葉で話した。

「どうも皆さん、こんばんは。渡でございます。

本日はご多忙の中を私どもの二十周年のパーティーにご出席いただきまして、誠にありがとうございます。先程、社長の石原が申しておりましたように、このように二十周年のパーティーが開けますのも一重に皆様方の力強いご支援の賜物と重ねて御礼申し上げます。スタッフ一同、慢心することなく、心を一つにしてこれからも頑張ってまいります。どうか皆さん、今後ともどうぞよろしくお願い申し上げます」

笑いのなかにもしんみりと胸を打ったのは、兄の慎太郎の挨拶だった。大動脈瘤の手術直後のことを振り返って、話した。

「皆さん、本日は弟のためにお忙しいところ、各もたくさんお集まりいただきましてありがとうございます。もう駄弁を労しませんが、皆さんの直接間接のご支

政界、スポーツ界、各界の名士が集った20周年パーティ。

社長石原裕次郎と渡副社長、小林専務、そして所属俳優の神田正輝、舘ひろし、御木裕、石原良純たち。

援で、弟、今日までまいりました。弟と私のつき合いは五十年近いわけでございますけども、私、弟が二年前の大病で本当に九死に一生を得まして、まだ人を入れない病室に、私だけ入れてもらいまして、麻酔のさめた時に、主治医が、『とにかくはっきり意識をさせるために、お兄さん、話しかけてください』と。私、弟に話しかけましたら、なんか、もがもが答えておりました。なんか残酷なくらい、主治医が弟の体をつつきまして、『この人誰かわかりますか？ ここに立ってる人はわかりますか』と言いましたら、弟が「わかってますよ、兄貴ですよ。馬鹿面してそこに立ってる」と申しまして、私その時、本当に涙が出るほどうれしゅうございました。兄弟というのはそういう因果なものでありまして、これからも私と弟の兄弟の人生のタッグマッチは続いていくと思います」

そして、まき子夫人はこう述べた。

「あっという間、いろいろなことがございまして、今日のこんなすばらしい二十周年が迎えられるとは思っておりませんでしたので、本当に夢のようでございます。皆々様に感謝しております」

夢のよう、という言葉に誰もがうなずく。だが、まき子夫人の夢のような思いとは、奇跡の生還を指すのか、それとも、生存の可能性を否定された動脈瘤になったことをいうのだろうか。

友人の勝新太郎は、裕次郎の魅力を語った。

「僕は裕次郎を見て、どこがいいんだあの顔が、どこがいいんだ、あのなんとなく足が長いだとか、何かその清潔さというか、そういうものがいい。確かに私は何十年も裕次郎を見てきました。

でも、彼のあの自然さは永久のものです。彼は時代を作った人の上に乗るんじゃなくて、彼が時代を作る人間なんだな。私も、まあ倒産しましたけども、必ず裕次郎と同じように立ち上がって、また新しい時代を作ろうと思っています」

歌あり、余興あり、笑いあり、大盛況のうちにエンディングを迎えるなかで、渡は三船敏郎の祝辞を反芻していた。

共同製作者として『黒部の太陽』を難産の末に大ヒットさせた三船敏郎は、〝戦友〟として、こんな祝辞を述べた。

「二十年と言うと、ふた昔。とても長い年月のようでもありますが、つい先日のような気もいたします。日本の映画界はテレビ、レジャー産業のすさまじい発展普及で、いちばん苦難の道を歩んできたのではないかと思います。しかし、映画は不滅でございます。石原プロも、これから劇映画を製作することに専念するそうでございます。どうか後世に残るような素晴らしい映画をどしどし作っていただきたいと思っております」

石原プロは昭和四十八年十二月一日封切りの『ザ・ゴキブリ』以来、一作も製作していない。

多額の負債を抱え、冬の時代を送る。映画は作品の善し悪しにかかわらず、興行で失敗すれば、負う傷は深い。金銭的な傷だけでなく、たとえ再起できたとしても、次の作品に失敗すればまた地獄のどん底に社員を突き落とすことになる。その恐怖が足をすくませる。

だが性格が陽で、苦労が顔に出ない裕次郎は太陽のように顔を輝かせながら、

「映画の借りは、映画で返す」

と口癖に言っている。

そろそろ本気で映画に取り組む時期がきているのかもしれない。社長の〝奇跡の生還〟は、映画を撮るために神さまがこの世に送り返したのかもしれない。渡はこのときそんなことを思っていた。

『太陽と呼ばれた男』向谷匡史著
（青志社刊）より

新シリーズ
『西部警察 PERSONAL』写真集

西部警察 PERSONAL 1
石原裕次郎×渡哲也
THE KING OF SEIBUKEISATSU
木暮謙三×大門圭介 POLICE ACTION
BEST SHOT
特典 石原プロ社歌
『太陽と星たちの賛歌』CD カラオケ付
秘蔵写真 280 点一挙公開！

定価 2860 円（本体 2600 円+税）

西部警察 PERSONAL 4
寺尾聰
THE HERO OF SEIBUKEISATSU
松田猛 POLICE ACTION
秘蔵写真 199 点一挙公開！
特典「西部警察」
SPECIAL オリジナルサウンドトラック
CD 3曲付

定価 2860 円（本体 2600 円+税）

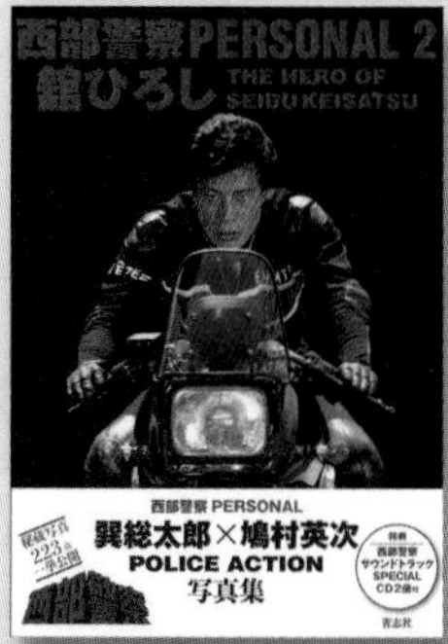

西部警察 PERSONAL 2
舘ひろし
THE HERO OF SEIBUKEISATSU
巽総太郎×鳩村英次 POLICE ACTION
秘蔵写真 223 点一挙公開！
特典「西部警察」サウンドトラック
SPECIALCD 2曲付

定価 2860 円（本体 2600 円+税）

西部警察 PERSONAL 5
御木裕・苅谷俊介
THE HERO OF SEIBUKEISATSU
北条卓、源田浩史 POLICE ACTION
秘蔵写真 220 点一挙公開！
特典 大門圭介特製クリアファイルA５版
２枚セット

定価 2970 円（本体 2700 円+税）

西部警察 PERSONAL 3
三浦友和
THE HERO OF SEIBUKEISATSU
沖田五郎 POLICE ACTION
秘蔵写真 174 点一挙公開！
特典「西部警察 Ⅱ・Ⅲ」
オリジナルサウンドトラック2
CD 2曲付

定価 2860 円（本体 2600 円+税）

西部警察 PERSONAL 6
五代高之・加納 竜・峰 竜太
THE HERO OF SEIBUKEISATSU
兼子仁、桐生一馬、平尾一兵
POLICE ACTION
秘蔵写真 228 点一挙大公開！
特典 大門圭介・PART- Ⅰポスター特製
クリアファイル A5 版 2 枚セット

定価 2970 円（本体 2700 円+税）

西部警察
PERSONAL 7 特典 **大門圭介 & PART Ⅱポスター**

特製A５クリアファイル2枚セット

他では絶対に
手に入らない
超レアの
クリア
ファイル

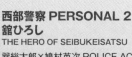

西部警察 PERSONAL 7
藤岡重慶 × 井上昭文 × 小林昭二
THE HERO OF SEIBUKEISATSU

大好評 特別特典

西部警察大門圭介・PART-Ⅱポスター
特製クリアファイル A5版 2枚セット

次号予告
発売は2023年12月中旬予定です。
西部警察 PERSONAL 8 SUPER HERO

CONTENTS

発行日 2023年9月20日 第1刷発行

編集人
発行人 阿蘇品 蔵

発行所 株式会社青志社
〒107-0052 東京都港区赤坂5-5-9 赤坂スバルビル6F
(編集・営業) Tel:03-5574-8511
Fax:03-5574-8512
http://www.seishisha.co.jp/

印刷・製本 中央精版印刷株式会社

装丁
デザイン 加藤茂樹
編集 岩佐陽一・久保木侑里
進行 三浦一郎
制作協力 ㈱石原音楽出版社
写真提供 ㈱石原音楽出版社
㈱文化工房
取材協力 内山浩一
thanks ㈱テレビ朝日
※文中敬称略

ISBN 978-4-86590-163-4